Il mio libro illustrato bilingue
私のバイリンガル絵本

Le più belle storie per bambini di Sefa in un unico volume

Ulrich Renz • Barbara Brinkmann:

Dormi bene, piccolo lupo · おおかみくんも ぐっすり おやすみなさい

Per bambini dai 2 anni in su

Cornelia Haas • Ulrich Renz:

Il mio più bel sogno · わたしの　とびっきり　すてきな　ゆめ

Per bambini dai 2 anni in su

Ulrich Renz • Marc Robitzky:

I cigni selvatici · のの はくちょう

Tratto da una fiaba di Hans Christian Andersen

Per bambini dai 5 anni in su

© 2024 by Sefa Verlag Kirsten Bödeker, Lübeck, Germany. www.sefa-verlag.de

Special thanks to Paul Bödeker, Freiburg, Germany

All rights reserved.

ISBN: 9783756305001

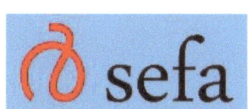

Nota per gli studenti di giapponese

Nel testo del libro si usano semplici caratteri Kanji accanto ad Hiragana e Katakana. Per i principianti questi Kanji sono trascritti con caratteri Hiragana.

Esempio: 見(み)

Nell'appendice troverete il testo del libro con l'intero insieme dei caratteri Kanji, una trascrizione latina (Romaji), e anche una tabella Hiragana e Katakana.

Buon divertimento con questa meravigliosa lingua!

La vostra Edizione Sefa

Dormi bene, piccolo lupo

おおかみくんも
ぐっすり　おやすみなさい

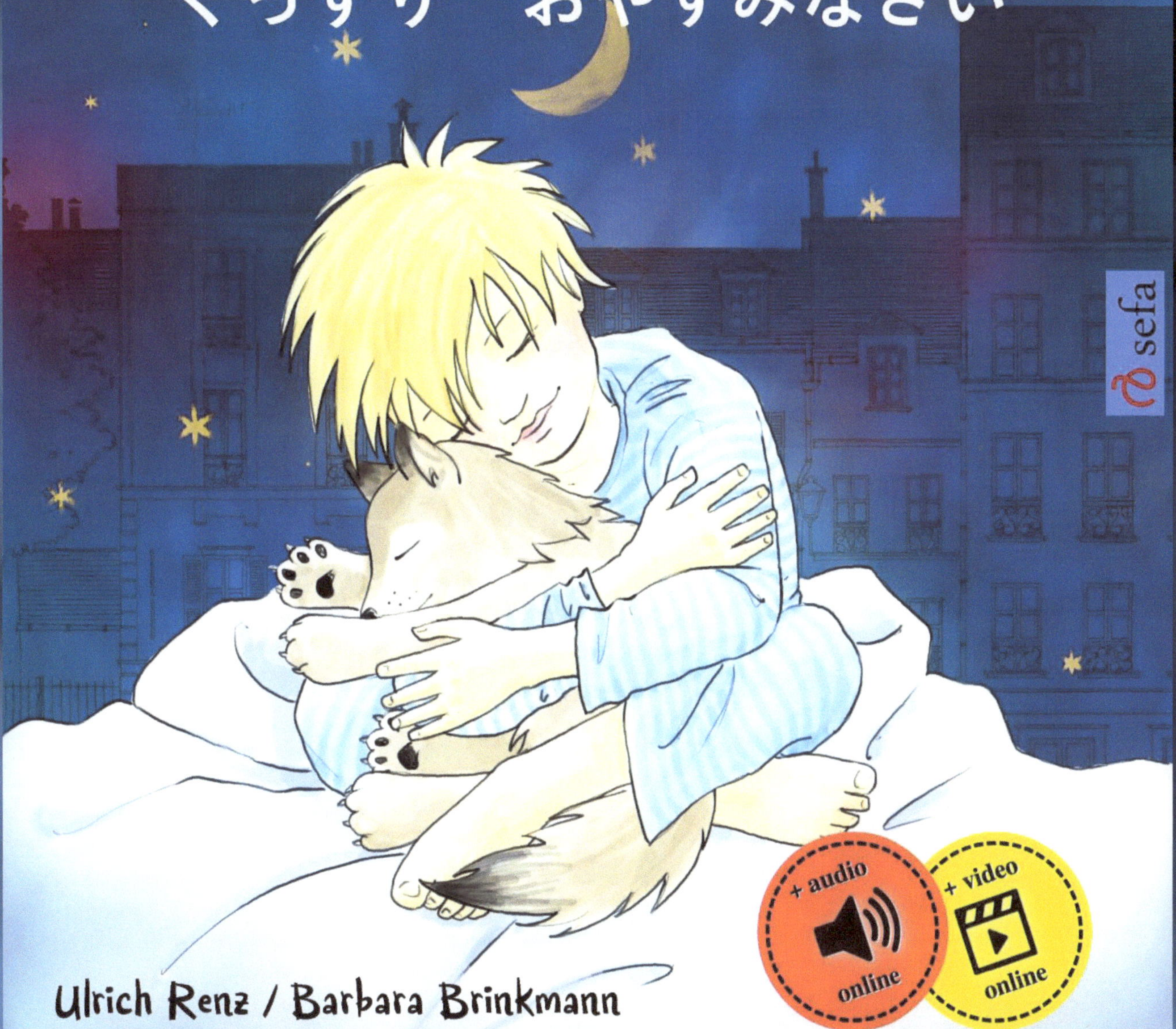

Ulrich Renz / Barbara Brinkmann

sefa

italiano **bilingue** **giapponese**

Traduzione:

Margherita Haase (italiano)

Mari Freise-Sato (giapponese)

Audiolibro e video:

www.sefa-bilingual.com/bonus

Accesso gratuito con la password:

italiano: **LWIT1829**

giapponese: **LWJA1910**

Buona notte, Tim! Domani continuiamo a cercare.
Adesso però dormi bene!

ティム、きょうは もうねようね。
またあした、いっしょに さがそうね。　おやすみなさい。

Fuori è già buio.

そとは もう くらく なりました。

Ma cosa fa Tim?

でも ティムは なにを しているのでしょう？

Va al parco giochi.
Che cosa sta cercando?

ティムは、こうえんに でかけていきます。
なにを さがしに いくのでしょう？

Il piccolo lupo.
Senza di lui non riesce a dormire.

さがしていたのは、おおかみくんでした。
ティムは　おおかみくんが　いないと　ねむれません。

Ma chi sta arrivando?

あれ、こんどは だれが でてきたのでしょう？

Marie! Lei sta cercando la sua palla.

でてきたのは　マリーです。

マリーも　ボールを　さがしにきたのです。

E Tobi cosa cerca?

こんどは　トビーが　でてきました。
なにを　さがしているのでしょう？

La sua ruspa.

さがしていたのは、ショベルカーです。

E cosa cerca Nala?

ナーラも　なにかを　さがしに　やってきました。
なにを　さがしているのでしょう？

La sua bambola.

それは　おにんぎょうでした。

Ma i bambini non devono andare a letto?
Il gatto si meraviglia.

「みんな　おうちに　かえって、ねなくても　いいのかな。」
ねこさんは　とても　しんぱいに　なりました。

E adesso chi sta arrivando?

そして　また　やってきたのは。。。

La mamma e il papà di Tim.
Senza il loro Tim non riescono a dormire.

ティムの　ママと　パパです。
ママと　パパも　ティムが　いないと　ねむれません。

Ed ecco che arrivano anche altri!
Il papà di Marie. Il nonno di Tobi. E la mamma di Nala.

そして もっと たくさんの ひとが やってきました。
マリーの パパと、トビーの おじいさんと、ナーラの ママです。

Ma adesso svelti a letto!

さあ、はやく　かえって　いそいで　ねよう！

Buona notte, Tim!

Domani non dobbiamo più cercare.

おやすみ、ティム。

あしたは　もう　さがさなくても　いいんだよ。

Dormi bene, piccolo lupo!

おおかみくんも　ぐっすり　おやすみなさい。

Here you find *Sleep Tight, Little Wolf* in a Kanji-enriched and a Romaji version.
The Romaji transcription uses a version of the Hepburn System.

おおかみくんのお話を、たくさん漢字を使ったテキストとローマ字の
テキストにしました。ローマ字は、ヘボン式で書きました。

おおかみくんも　ぐっすり　おやすみなさい
狼　　　　　くんも　ぐっすり　お休み　なさい
Ôkami　　　kun　mo　gussuri　　oyasumi　nasai

ティム、きょうは もうねようね。またあした、いっしょに さがそうね。
ティム、今日　は もう寝ようね。また明日、　一緒　に 探そう ね。
Timu、　kyô　wa mô neyô　ne。Mata ashita、issho　ni sagasô　ne。

おやすみ なさい。
お休み　なさい。
Oyasumi　nasai。

そとは　もう くらく なりました。
外　は　もう 暗く　なりました。
Soto wa　mô　kuraku narimashita。

でも ティムは なにを しているのでしょう？
でも ティムは 何　を しているのでしょう？
Demo timu wa　nani o shite iru nodeshô？

ティムは、こうえんに でかけていきます。
ティムは、公園 に 出掛けていきます。
Timu wa、kôen ni dekakete ikimasu。

なにをさがしに いくのでしょう？
何を 探し に 行くのでしょう？
Nani o sagashi ni iku nodeshô ?

さがしていたのは、おおかみくんでした。
探して いたのは、狼 くんでした。
Sagashite ita no wa、ôkami kun deshita。

ティムは おおかみくんが いないと ねむれません。
ティムは 狼 くんが いないと 眠れません。
Timu wa ôkami kun ga inai to nemuremasen。

あれ、こんどは だれが でてきたのでしょう？
あれ、今度 は 誰 が 出て来たのでしょう？
Are、kondo wa dare ga dete kita nodeshô ?

でてきたのは マリーです。
出て来たのは マリーです。
Dete kita no wa marî desu。

マリーも ボールを さがしにきたのです。
マリーも ボールを 探し に来たのです。
Marî mo bôru o sagashi ni kita nodesu。

こんどは トビーが でてきました。
今度 は トビーが 出て来ました。
Kondo wa tobî ga dete kimashita。

なにを さがして いるのでしょう？
何 を 探して いるのでしょう？
Nani o sagashite iru nodeshô ?

さがしていたのは、ショベルカーです。
探して いたのは、ショベルカーです。
Sagashite ita no wa、shoberukâ desu。

ナーラも なにかを さがしに やってきました。
ナーラも 何 かを 探し に 遣ってきました。
Nâra mo nani ka o sagashi ni yatte kimashita。

なにを さがして いるのでしょう？
何 を 探して いるのでしょう？
Nani o sagashite iru nodeshô ?

それは おにんぎょうでした。
それは お人形 でした。
Sore wa o ningyô deshita。

「みんな おうちに かえって、ねなくても いいのかな。」
「みんな お家 に 帰って、 寝なくても 良いのかな。」
「Minna o uchi ni kaette、 nenakute mo ii no kana。」

ねこさんは とても しんぱいに なりました。
猫 さんは とても 心配 に なりました。
Neko san wa totemo shinpai ni narimashita。

そして また やってきたのは...
そして 又 遣ってきたのは...
Soshite mata yatte kita no wa…

ティムの ママ とパパです。
ティムの ママ とパパです。
Timu no mama to papa desu。

ママと パパも ティムが いないと ねむれません。
ママと パパも ティムが 居ないと 眠れません。
Mama to papa mo timu ga inai to nemuremasen。

そして もっと たくさんの ひとが やってきました。
そして もっと 沢山 の 人 が 遣ってきました。
Soshite motto takusan no hito ga yatte kimashita。

マリーの パパと、トビーの おじいさんと、ナーラの ママ です。
マリーの パパと、トビーの お爺 さんと、ナーラの ママ です。
Marî no papa to、tobî no ojii san to、nâra no mama desu。

さあ、はやく かえって いそいで ねよう！
さあ、早く 帰って 急いで 寝よう！
Sâ、 hayaku kaette isoide neyô！

おやすみ、ティム。
お休み、 ティム。
Oyasumi、 timu。

あしたは もう さがさなくても いいんだよ。
明日 は もう 探さなくて も 良いんだよ。
Ashita wa mô sagasanakute mo iinda yo。

おおかみくんも ぐっすり おやすみなさい。
狼 くんも ぐっすり お休み なさい。
Ôkami kun mo gussuri oyasumi nasai。

Cornelia Haas • Ulrich Renz

Il mio più bel sogno
わたしの　とびっきり　すてきな　ゆめ

Traduzione:

Clara Galeati (italiano)

Yumiko Saito, Koji Suda (giapponese)

Audiolibro e video:

www.sefa-bilingual.com/bonus

Accesso gratuito con la password:

italiano: **BDIT1829**

giapponese: **BDJA1910**

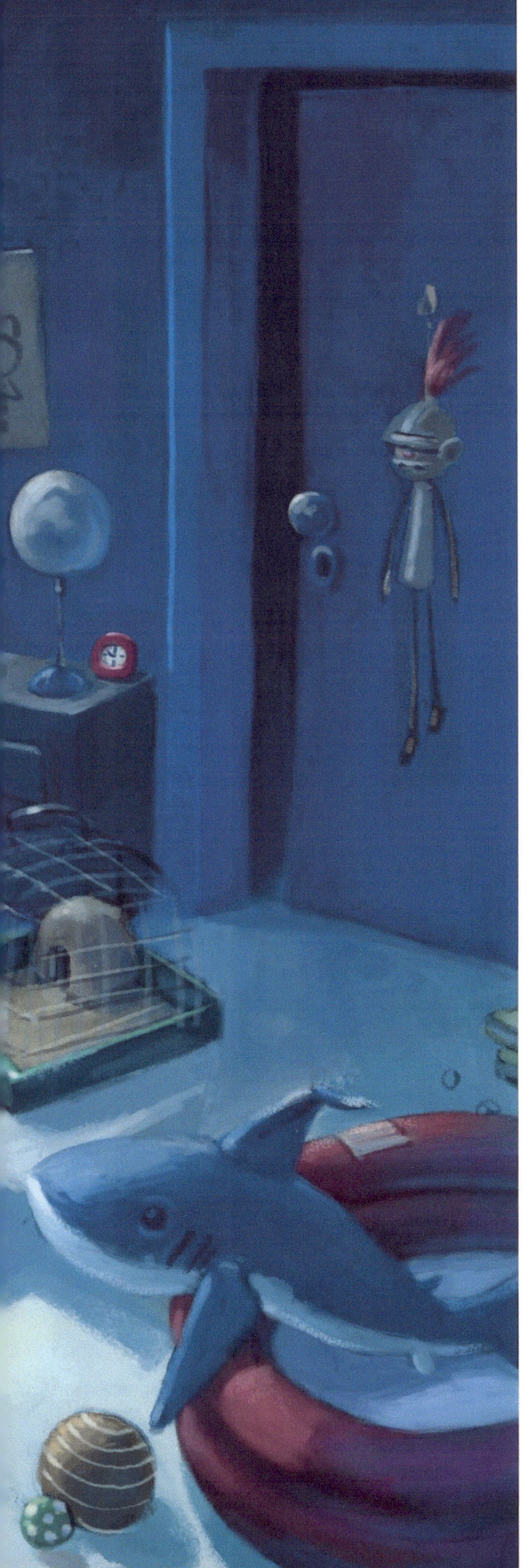

Lulù non riesce ad addormentarsi. Tutti gli altri stanno già sognando – lo squalo, l'elefante, il topolino, il drago, il canguro, il cavaliere, la scimmia, il pilota. E il leoncino. Anche all'orso stanno crollando gli occhi ...

Ehi orso, mi porti con te nel tuo sogno?

ルルは　ねむれません。
ほかの　ぬいぐるみたちは　もう
夢(ゆめ)を　見(み)ています——
サメや　ぞう、小(こ)ネズミ、
ドラゴン、カンガルー、
騎士(きし)、さる、パイロット。
それに、赤(あか)ちゃんライオン。
くまの　目(め)も　もう
とじかかっています。

くまさん、夢(ゆめ)の　中(なか)へ
つれてってくれるの？

E così Lulù è già nel paese dei sogni degli orsi. L'orso cattura pesci nel lago Tagayumi. E Lulù si chiede chi potrebbe mai vivere là su quegli alberi? Quando il sogno è finito, Lulù vuole provare qualcos'altro. Vieni, andiamo a trovare lo squalo! Che cosa starà sognando?

すると もう ルルは、くまの 夢(ゆめ)の 国(くに)の 中(なか)。
くまは タガユミ湖(こ)で 魚(さかな)を つっています。ルルは びっくり、
あの 木(き)の 上(うえ)に だれが すんでいるのだろう？夢(ゆめ)が おわる
と、ルルは もっと 見(み)たくなりました。
いっしょに おいでよ、サメのところへ いこう！どんな 夢(ゆめ)を
見(み)ているのかなあ？

Lo squalo sta giocando ad acchiapparella con i pesci. Finalmente ha degli amici! Nessuno ha paura dei suoi denti aguzzi.
Quando il sogno è finito, Lulù vuole provare qualcos'altro. Venite, andiamo a trovare l'elefante! Che cosa starà sognando?

サメは 魚(さかな)たちと 鬼(おに)ごっこをしています。やっと 友(とも)だちが
できたのです！だれも サメの とがった 歯(は)を こわがりません。
夢(ゆめ)が おわると、ルルは もっと 見(み)たくなりました。
いっしょに おいでよ、ぞうの ところへ いこう！どんな 夢(ゆめ)を
見(み)ているのかなあ？

L'elefante è leggero come una piuma e può volare! Sta per atterrare sul prato celeste.
Quando il sogno è finito, Lulù vuole provare qualcos'altro. Venite, andiamo a trovare il topolino! Che cosa starà sognando?

ぞうは　羽毛 (うもう)のように　かるくなって、飛(と)ぶことができます！
ちょうど　空(そら)の　草(そう)げんに　おり立(た)つところです。
夢(ゆめ)が　おわると、ルルは　もっと　見(み)たくなりました。
いっしょに　おいでよ、小(こ)ネズミのところへ　いこう！ どんな　夢(ゆめ)を　見(み)ているのかなあ？

Il topolino sta guardando la fiera. Gli piacciono particolarmente le montagne russe.

Quando il sogno è finito, Lulù vuole provare qualcos'altro. Venite, andiamo a trovare il drago! Che cosa starà sognando?

小(こ)ネズミは　えん日(にち)を　たのしんでいます。
一(いち)ばんの　おきにいりは　ジェットコースター。
夢(ゆめ)が　おわると、ルルは　もっと　見(み)たくなりました。
いっしょに　おいでよ、ドラゴンのところへ　いこう！　どんな　夢(ゆめ)を
見(み)ているのかなあ？

Il drago, a furia di sputare fuoco, ha sete. Gli piacerebbe bersi l'intero lago di limonata.

Quando il sogno è finito, Lulù vuole provare qualcos'altro. Venite, andiamo a trovare il canguro! Che cosa starà sognando?

ドラゴンは　火(ひ)を　たくさん　ふいたので、　のどが　かわいています。
レモネードの　湖(みずうみ)を　ぜんぶ　のみほせたら　さいこうだな。
夢(ゆめ)が　おわると、ルルは　もっと　見(み)たくなりました。
いっしょに　おいでよ、カンガルーのところへ　いこう！　どんな　夢(ゆめ)を
見(み)ているのかなあ？

Il canguro sta saltando nella fabbrica di dolciumi e si riempe il marsupio.
Ancora caramelle blu! E ancora lecca-lecca! E cioccolata!
Quando il sogno è finito, Lulù vuole provare qualcos'altro. Venite, andiamo a trovare il cavaliere! Che cosa starà sognando?

カンガルーは あまい おかしの こうじょうを ぴょんぴょん とびまわって、
ふくろいっぱいに つめこんでいます。あおい あめ玉(だま)を もっと
たくさん！ ぺろぺろキャンディーも もっと！ それに チョコレートも！
夢(ゆめ)が おわると、ルルは もっと 見(み)たくなりました。
いっしょに おいでよ、騎士(きし)の ところへ いこう！ どんな 夢(ゆめ)を
見(み)ているのかなあ？

Il cavaliere sta facendo una battaglia di torte con la principessa dei suoi sogni. Oh! La torta alla panna va nella direzione sbagliata!
Quando il sogno è finito, Lulù vuole provare qualcos'altro. Venite, andiamo a trovare la scimmia! Che cosa starà sognando?

騎士(きし)は あこがれの 夢(ゆめ)の 王女(おうじょ)さまと トルテ投(な)げ
遊(あそ)びをしています。おっと！クリームトルテは あたりませんでした！
夢(ゆめ)が おわると、ルルは もっと 見(み)たくなりました。
いっしょに おいでよ、さるの ところへ いこう！どんな 夢(ゆめ)を
見(み)ているのかなあ？

Finalmente ha nevicato in Scimmialandia! L'intera combriccola di scimmie non sta più nella pelle e si comportano tutte come in una gabbia di matti. Quando il sogno è finito, Lulù vuole provare qualcos'altro. Venite, andiamo a trovare il pilota! In che sogno potrebbe essere atterrato?

ついに さるの 国(くに)に 一(いち)どだけ 雪(ゆき)が ふりました!
さるたちは われを わすれて 大(おお)さわぎ。
夢(ゆめ)が おわると、ルルは もっと 見(み)たくなりました。
いっしょに おいでよ、パイロットの ところへ いこう!どんな 夢(ゆめ)に
ちゃくりくしたのかなあ?

Il pilota vola e vola ancora. Fino ai confini della terra e ancora più lontano, fino alle stelle. Non ce l'ha fatta nessun altro pilota.
Quando il sogno è finito, sono già tutti molto stanchi e non vogliono più continuare a provare così tanto. Però il leoncino, vogliono ancora andare a trovarlo. Che cosa starà sognando?

パイロットは　どんどん　飛(と)んでいきます。せかいの　はてまで、さらに
もっと　とおく星(ほし)ぼしのところまで。そんなことを　やりとげた
パイロットは　ほかにいません。
夢(ゆめ)が　おわると、みんな　もう　くたくたで、もう　そんなに　たくさん
見(み)たくありません。それでも　赤(あか)ちゃんライオンのところへは
いきたいな。どんな　夢(ゆめ)を　見(み)ているのかなあ？

Il leoncino ha nostalgia di casa e vuole tornare nel caldo, accogliente letto.
E gli altri pure.

E là inizia ...

赤(あか)ちゃんライオンは　ホームシックにかかって、あたたかい
ふわふわの　ベッドに　もどりたがっています。それに　ほかの　みんなも。

そして　これから　はじまるのは……

... il più bel sogno
di Lulù.

......ルルの
とびっきり　すてきな　夢(ゆめ)。

Here is Lulu's story in a Kanji-enriched and a Romaji version.

The Romaji transcription uses a version of the Hepburn System.

ルルのお話を、たくさん漢字を使ったテキストとローマ字のテキストにしました。

ローマ字は、ヘボン式で書きました。

わたしの　とびっきり　すてきな　ゆめ
私　の　とびっきり　素敵な　夢

Watashi no　tobikkiri　sutekina　yume

ルルは　ねむれません。ほかの　みんなは　もう　ゆめを　みています。
ルルは　眠れません。　他の　みんなは　もう　夢を　見ています。
Ruru wa　nemuremasen。Hoka no　minna wa　mô　yume o　mite imasu。

サメや　ぞう、こネズミ、ドラゴン、カンガルー、きし、さる、パイロット。
鮫や　象、　小鼠、　ドラゴン、カンガルー、騎士、猿、　パイロット。
Same ya　zô、　konezumi、　doragon、　kangarû、　kishi、saru、pairotto。

それに、あかちゃんライオン。くまのめも、もうとじかかっています。
それに、赤ちゃん　ライオン。熊の目も、もう閉じかかっています。
Soreni、akachan raion。Kuma no me mo、mô toji kakatte imasu。

くまさん、ゆめのなかへつれてって　くれるの？
熊さん、夢の中へ連れてって　くれるの？
Kuma san、yume no naka e tsuretette　kureru no？

すると　もう　ルルは、くまの　ゆめのくにのなか。
すると　もう　ルルは、熊の　夢の国　の中。
Suruto　mô　ruru wa、kuma no　yume no kuni no naka。

くまは　タガユミこで　さかなを　つっています。
熊は　タガユミ湖で　魚を　釣っています。
Kuma wa　tagayumi-ko de　sakana o　tsutte imasu。

ルルは　びっくり、あの　きのうえに　だれが　すんでいるのだろう？
ルルは　びっくり、あの　木の上に　誰が　住んでいるのだろう？
Ruru wa　bikkuri、ano　ki no ue　ni　dare ga　sunde iru no darô？

ゆめがおわると、ルルは　もっと　みたくなりました。
夢が終わると、ルルは　もっと　見たくなりました。
Yume ga owaru to、ruru wa　motto　mitaku narimashita。

いっしょに おいでよ、サメの ところへ いこう！
一緒 に おいでよ、鮫 の 所 へ 行こう！
Issho ni oide yo、 same no tokoro e ikô！

どんな ゆめを みて いるのかなあ？
どんな 夢 を 見て いるのかなあ？
Donna yume o mite iru no kanâ？

サメは さかなたちと おにごっこを しています。
鮫 は 魚 たちと 鬼 ごっこを しています。
Same wa sakana tachi to oni gokko o shite imasu。

やっと ともだちが できたのです！
やっと 友達 が 出来たのです！
Yatto tomodachi ga dekita nodesu！

だれも サメの とがった はを こわがりません。
誰 も 鮫 の 尖った 歯を 怖がりません。
Dare mo same no togatta ha o kowagarimasen。

ゆめがおわると、ルルは もっと みたくなりました。
夢 が 終わると、ルルは もっと 見たくなりました。
Yume ga owaru to、ruru wa motto mitaku narimashita。

いっしょに おいでよ、ぞうのところへ いこう！
一緒に おいでよ、象 の 所 へ 行こう！
Issho ni oide yo、zô no tokoro e ikô！

どんな ゆめを みて いるのかなあ？
どんな 夢 を 見て いるのかなあ？
Donna yume o mite iru no kanâ？

ぞうは うもうのように かるくなって、とぶことができます！
象 は 羽毛 の 様 に 軽くなって、 飛ぶ事 が 出来ます！
Zō wa umô no yô ni karukunatte、tobukoto ga dekimasu！

ちょうど そらのそうげんに おりたつ ところ です。
ちょうど 空 の 草原 に 降り立つ 所 です。
Chôdo sora no sôgen ni oritatsu tokoro desu。

ゆめが おわると、ルルは　もっと　みたく なりました。
夢　が 終わると、ルルは　もっと　見たく なりました。
Yume ga owaru　to、ruru wa　motto　mitaku narimashita。

いっしょに　おいで よ、こネズミの ところへ　いこう！
一緒　　に　おいで よ、小鼠　　の 所　　へ　行こう！
Issho ni　　oide　yo、konezumi no tokoro e　ikô！

どんな　ゆめを　みて いるの かなあ？
どんな　夢　を　見て いるの かなあ？
Donna　yume o　mite iru　no kanâ？

こネズミは　えんにちを　たのしんで います。
小鼠　　は　縁日　　を　楽しんで　います。
Konezumi wa　en-nichi o　tanoshinde　imasu。

いちばんの　おきにいりは　ジェットコースター。
一番　　の　お気に入りは　ジェットコースター。
Ichiban　no　okiniiri　wa　jettokôsutâ。

ゆめが おわると、ルルは　もっと　みたく なりました。
夢　が 終わると、ルルは　もっと　見たく なりました。
Yume ga owaru　to、ruru wa　motto　mitaku narimashita。

いっしょに　おいで よ、ドラゴンの ところへ　いこう！
一緒　　に　おいで よ、ドラゴンの 所　　へ　行こう！
Issho　ni　oide　yo、doragon　no tokoro e　ikô！

どんな　ゆめを　みて いるの かなあ？
どんな　夢　を　見て いるの かなあ？
Donna　yume o　mite iru　no kanâ？

ドラゴンは　ひを　たくさん　ふいた ので、　のどが　かわいて います。
ドラゴンは　火を　沢山　　　吹いた ので、　喉　が　乾いて　います。
Doragon wa　hi o takusan　　fuita node、　nodo ga　kawaite　imasu。

レモネードの　みずうみを　ぜんぶ　のみほせたら　さいこうだ な。
レモネードの　湖　　　を　全部　　飲み干せたら　最高だ　　な。
Remonêdo　no　mizu-umi o　zenbu　　nomihosetara　saikôda　　na。

ゆめが おわると、ルルは　もっと　みたく なりました。
夢　が 終わると、ルルは　もっと　見たく なりました。
Yume ga owaru　to、ruru wa　motto　mitaku narimashita。

いっしょに　おいでよ、カンガルーの ところへ　いこう！
一緒　に　おいでよ、カンガルーの 所　へ　行こう！
Issho　ni　oide yo、kangarû　no tokoro e　ikô！

どんな　ゆめを　みているの かなあ？
どんな　夢　を　見ているの かなあ？
Donna　yume o　mite iru　no kanâ ?

カンガルー は　あまい　おかしの　こうじょうを　ぴょんぴょん
カンガルー は　甘い　お菓子の　工場　を　ぴょんぴょん
Kangarû　wa　amai　okashi no　kôjô　o　pyonpyon

とびまわって、ふくろ いっぱいに　つめこんでいます。
飛び回って、　袋　一杯　に　詰め込んでいます。
tobimawatte、　fukuro ippai　ni　tsumekonde imasu。

あおい　あめだまを　もっと　たくさん！
青い　飴玉　を　もっと　沢山！
Aoi　ame dama o　motto　takusan !

ぺろぺろ キャンディーも　もっと！
ぺろぺろ キャンディーも　もっと！
Peropero　kyandî　mo　motto !

それに　チョコレートも！
それに　チョコレートも！
Sore ni　chokorêto　mo !

ゆめがおわる と、ルルは　もっと　みたくなりました。
夢　が終わる と、ルルは　もっと　見たくなりました。
Yume ga owaru　to、ruru wa　motto　mitaku narimashita。

いっしょに　おいでよ、きしの ところへ　いこう！
一緒に　おいでよ、　騎士の 所　へ　行こう！
Issho ni　oide yo、　kishi no tokoro e　ikô !

どんな　ゆめを　みているの かなあ？
どんな　夢　を　見ているの かなあ？
Donna　yume o　mite iru　no kanâ ?

きしは あこがれのゆめのおうじょさまと
騎士は 憧れ の夢 の王女 様 と
Kishi wa akogare no yume no ôjo sama to

トルテ なげ あそびを しています。
トルテ 投げ 遊び を しています。
torute nage asobi o shite imasu。

おっと！クリームトルテは あたりませんでした！
おっと！クリームトルテは 当たりませんでした！
Otto！ Kurîmutorute wa atarimasen deshita！

ゆめ が おわる と、ルルは もっと みたく なりました。
夢 が 終わる と、ルルは もっと 見たく なりました。
Yume ga owaru to、ruru wa motto mitaku narimashita。

いっしょに おいでよ、さるの ところへ いこう！
一緒に おいでよ、猿 の所 へ 行こう！
Issho ni oide yo、saru no tokoro e ikô！

どんな ゆめを みているのかなあ？
どんな 夢 を 見ているのかなあ？
Donna yume o mite iru no kanâ？

ついに さるのくにに いちどだけ ゆきが ふりました！
遂に 猿 の国 に 一度だけ 雪 が 降りました！
Tsuini saru no kuni ni ichidodake yuki ga furimashita！

さるたちは われを わすれて おおさわぎ。
猿 達 は 我を 忘れて 大騒ぎ。
Saru tachi wa ware o wasurete ôsawagi。

ゆめ が おわる と、ルルは もっと みたく なりました。
夢 が 終わる と、ルルは もっと 見たく なりました。
Yume ga owaru to、ruru wa motto mitaku narimashita。

いっしょに おいでよ、パイロットのところへ いこう！
一緒 に おいでよ、パイロットの所 へ 行こう！
Issho ni oide yo、pairotto no tokoro e ikô！

どんな ゆめに ちゃくりく したのかなあ？
どんな 夢 に 着陸 したのかなあ？
Donna yume ni chakuriku shita no kanâ？

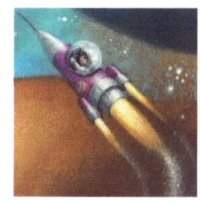

パイロットは　どんどん　とんで　いきます。
パイロットは　どんどん　飛んで　行きます。
Pairotto　wa　dondon　tonde　ikimasu。

せかいの　はてまで、さらに　もっと　とおくのほしぼしのところまで。
世界の　果てまで、更に　もっと　遠くの星々　の所　まで。
Sekai　no　hate made、sara ni　motto　tôku　no hoshiboshi no tokoro　made。

そんな　ことを　やりとげた　パイロットは　ほかに　いません。
そんな　事を　やり遂げた　パイロットは　他に　いません。
Sonna　koto o　yaritogeta　pairotto　wa　hoka ni　imasen。

ゆめが おわると、ルルは　もっと　みたく　なりました。
夢が終わると、ルルは　もっと　見たく　なりました。
Yume ga owaru　to、ruru　wa　motto　mitaku narimashita。

もう　そんなに　たくさん　みたく　ありません。
もう　そんなに　沢山　見たく　ありません。
Mô　sonnani　takusan　mitaku　arimasen。

それでも　あかちゃん ライオンのところへは　いきたい な。
それでも　赤ちゃん　ライオンの所　へは　行きたいな。
Soredemo　akachan　raion　no tokoro e wa　ikitai　na。

どんな　ゆめを　みているのかなあ？
どんな　夢を　見ているのかなあ？
Donna　yume o　mite iru　no kanâ？

あかちゃんライオンは　ホームシックに　かかって、あたたかい　ふわふわの
赤ちゃん　ライオンは　ホームシックに　罹って、　暖かい　ふわふわの
Akachan　raion　wa　hômushikku　ni　kakatte、atatakai　fuwafuwa no

ベッドに　もどりたがって　います。それに　ほかの　みんなも。
ベッドに　戻りたがって　います。それに　他の　みんなも。
beddo　ni　modoritagatte　imasu。Soreni　hoka no　minna　mo。

そして　これから　はじまる のは……
そして　これから　始まる のは……
Soshite　korekara　hajimaru　no wa……

……ルルの　とびっきり　すてきな　ゆめ。
……ルルの　とびっきり　素敵な　夢。
……ruru no　tobikkiri　sutekina　yume。

Ulrich Renz • Marc Robitzky

I cigni selvatici
のの はくちょう

Traduzione:
Emanuele Cattani, Clara Galeati (italiano)
Yumiko Saito, Koji Suda (giapponese)

Audiolibro e video:

www.sefa-bilingual.com/bonus

Accesso gratuito con la password:

italiano: **WSIT1829**

giapponese: **WSJA1910**

Ulrich Renz · Marc Robitzky

I cigni selvatici

のの はくちょう

Tratto da una fiaba di

Hans Christian Andersen

italiano · bilingue · giapponese

C'erano una volta dodici figli di un re – undici fratelli ed una sorella più grande, Elisa. Vivevano felici in un bellissimo castello.

むかしむかし、十二人(じゅうににん)の 王(おう)さまの こどもたちが ありました。十一人(じゅういちにん)の おとこの きょうだいと あねの エリザです。すばらしく うつくしい お城(しろ)に しあわせに くらしていました。

Un giorno la madre morì, e poco tempo dopo il re si risposò. La nuova moglie però era una strega cattiva. Con un incantesimo, trasformò gli undici principi in cigni e li mandò molto lontano, in un Paese al di là della grande foresta.

ある日(ひ)、おかあさまが なくなってしまいました。しばらく
すると、王(おう)さまは あたらしい おきさきを むかえました。
ところが、そのおきさきは わるい 魔女(まじょ)でした。
十一人(じゅういちにん)の 王子(おうじ)を 魔法(まほう)で
はくちょうに かえて、大(おお)きな 森(もり)の むこうの
とおい 国(くに)へ おいはらってしまいました。

Vestì la ragazza di stracci e le spalmò sul volto un orribile unguento, tanto che nemmeno il padre riuscì più a riconoscerla e la cacciò dal castello. Elisa corse nella foresta tenebrosa.

おきさきは むすめに ぼろを きせ、みにくい ぬりぐすりを 顔(かお)に すりこみました。すると、じつの おとうさまでさえ むすめが わからなくなって お城(しろ)から おいだしてしまいました。
エリザは くらい 森(もり)の 中(なか)へ かけこみました。

Ora era completamente sola, e desiderava con tutto il cuore rivedere i suoi fratelli scomparsi. Quando venne la sera, si fece un letto di muschio sotto un albero.

エリザは 今(いま)、ひとりぼっちになって、いなくなった きょうだいたちを 心(こころ)から 恋(こい)しがりました。晩(ばん)に なると、木(き)の 下(した)に 苔(こけ)の ベッドを こしらえました。

La mattina dopo giunse ad un lago calmo, e rimase sconcertata nel vedere il proprio riflesso nell'acqua. Ma appena si pulì, divenne la più bella principessa sulla faccia della terra.

つぎの朝(あさ)、エリザは ひっそりとした みずうみに やってきました。そして 水面(すいめん)に うつった 顔(かお)を みて びっくりしました。けれども 水(みず)で あらうと、エリザより うつくしい 王(おう)さま の こどもは、このよに ふたりとは ありませんでした。

Molti giorni dopo, Elisa raggiunse il grande mare. Tra le onde, oscillavano undici piume di cigno.

いく日(にち)も いく日(にち)も かかって、エリザは 大(おお)きな 海(うみ)に たどりつきました。なみに 十一(じゅういち)まいの はくちょうの はねが ゆられていました。

Quando il sole tramontò, ci fu un fruscio nell'aria, e undici cigni si posarono sull'acqua. Elisa riconobbe immediatamente i propri fratelli stregati. Ma dato che parlavano la lingua dei cigni, lei non li poté capire.

お日(ひ)さまが しずむと、空中(くうちゅう)で ばさっばさっと
音(おと)がして、十一羽(じゅういちわ)の 野(の)の はくちょうが
水面(すいめん)に まいおりました。エリザは すぐに
魔法(まほう)を かけられた きょうだいたちだと きづきました。
けれども、はくちょうの ことばが はなせなかったので、
きょうだいたちの いうことは わかりませんでした。

Durante il giorno i cigni volavano via, e la notte si accoccolavano tutti assieme alla sorella in una grotta.

Una notte, Elisa fece uno strano sogno. Sua madre le disse come avrebbe potuto liberare i suoi fratelli. Avrebbe dovuto tessere delle camicie di ortiche per ognuno di loro e poi lanciargliele. Fino a quel momento però, non le era concesso dire una sola parola, altrimenti i suoi fratelli sarebbero morti. Elisa si mise immediatamente al lavoro. Sebbene le mani le bruciassero, continuò a tessere senza stancarsi.

昼(ひる)のあいだ、はくちょうは どこかへ とんでいきました。夜(よる)になると エリザと きょうだいたちは、ほら穴(あな)の 中(なか)で 身(み)を よせあって あたたまりました。

ある夜(よ)、エリザは ふしぎな ゆめを みました。おかあさまが きょうだいたちを すくう ほうほうを おしえてくれたのです。「イラクサで 一羽一羽(いちわいちわ)に シャツを 編(あ)んで はくちょうに なげかけなさい。ただし、そのときまでは だれとも 口(くち)を きいては いけませんよ。さもないと、きょうだいたちは しんでしまうでしょう。」
エリザは すぐにしごとに とりかかりました。手(て)が イラクサの とても 小(ちい)さな トゲから でる えきで 焼(や)けつくように いたみましたが、がまんして 編(あ)みつづけました。

Un giorno, si sentirono corni da caccia in lontananza. Un principe venne cavalcando con il suo seguito e presto le fu di fronte. Non appena i due si guardarono negli occhi, si innamorarono.

ある日(ひ) とおくで、かりの つのぶえ が なりひびきました。王子(おうじ)が おともの けらいと、馬(うま)に のって ちかづいてきたかと おもうと、もう エリザの まえに たっていました。 二人(ふたり)は おたがいの 目(め)が あった しゅんかん すきになりました。

Il principe fece salire Elisa sul cavallo e la condusse al proprio castello.

王子(おうじ)は エリザを じぶんの 馬(うま)に のせて、お城(しろ)に つれてかえりました。

Il potente tesoriere fu tutto fuorché felice dell'arrivo della principessa muta. La propria figlia sarebbe dovuta diventare la sposa del principe.

いつも いばっている
たからものがかりは、口(くち)の
きけない うつくしい人(ひと)が
お城(しろ)に ついたとき、まったく
よろこびませんでした。じぶんの
むすめが 王子(おうじ)の はなよめに
なるべきだと おもっていたのです。

Elisa non si era dimenticata dei suoi fratelli. Ogni sera continuava il suo lavoro sulle camicie. Una notte uscì per andare al cimitero a cogliere delle ortiche fresche. Il tesoriere la osservò di nascosto.

エリザは きょうだいたちのことを わすれてはいませんでした。
まい晩(ばん) シャツを 編(あ)みつづけたのです。
ある夜(よ)、しんせんな イラクサを とりに 墓地(ぼち)へ でかけていきました。そのとき、たからものがかりが こっそり エリザを 見(み)ていました。

Non appena il principe partì per una battuta di caccia, il tesoriere gettò Elisa nelle segrete. Affermò che fosse una strega che si incontrava con altre streghe durante la notte.

王子(おうじ)が かりに でかけると すぐ、たからものがかりは エリザを ろうやに いれてしまいました。 エリザは 魔女(まじょ)で、 夜(よる)に ほかの 魔女(まじょ)と あっていると いうのです。

All'alba, Elisa venne presa da delle guardie, per venir poi bruciata nella piazza del mercato.

夜(よ)あけに みはりが エリザを むかえにきました。市(いち)の たつ ひろばで 火(ひ)あぶりに されることに なっていました。

Non appena fu lì, arrivarono undici cigni bianchi volando. Elisa lanciò rapidamente una camicia a ciascuno di loro. Poco dopo, tutti i suoi fratelli si trovarono dinanzi a lei con sembianze umane. Solo il più piccolo, la cui camicia non era stata del tutto completata, mantenne un'ala al posto di un braccio.

エリザが ひろばに つくやいなや、どこからともなく
十一羽(じゅういちわ)の まっ白(しろ)な はくちょうが
とんできました。
エリザは すばやく 一羽一羽(いちわいちわ)に イラクサの シャツを
なげかけました。やがて、きょうだいたちは みんな 人間(にんげん)
の すがたに もどって、エリザの まえに たっていました。いちばん
すえの きょうだいだけは シャツが できあがらなかったので、
かたほうの うでが まだ つばさのままでした。

I fratelli si stavano ancora baciando e abbracciando quando arrivò il principe. Finalmente Elisa gli poté spiegare tutto. Il principe fece rinchiudere il tesoriere malvagio nelle segrete. Dopodiché, si celebrò il matrimonio per sette giorni.

E vissero tutti felici e contenti.

エリザたちが まだ、だきあったり キスしたりして よろこんでいたとき、王子(おうじ)が もどってきました。
エリザは やっと 王子(おうじ)に 今(いま)までのことを のこらず はなすことができました。
王子(おうじ)は わるい たからものがかりを ろうやに いれました。
それから、七日間(なのかかん)、けっこんしきが とりおこなわれました。

めでたし めでたし。

Hans Christian Andersen

Hans Christian Andersen nacque nella città danese di Odense nel 1805 e morì nel 1875 a Copenaghen. Divenne famoso in tutto il mondo con le sue fiabe letterarie come „La Sirenetta", „I vestiti nuovi dell'imperatore" e „Il brutto anatroccolo". Il racconto in questione, „I cigni selvatici", fu pubblicato per la prima volta nel 1838. È stato tradotto in più di cento lingue e adattato a una vasta gamma di media, tra cui il teatro, il cinema e il musical.

Here is *The Wild Swans* in a Kanji-enriched and a Romaji version.

The Romaji transcription uses a version of the Hepburn System.

ののはくちょうのお話を、たくさん漢字を使ったテキストとローマ字のテキストに

ローマ字は、ヘボン式で書きました。

のの はくちょう
野の 白鳥
No no hakuchô

むかしむかし、　じゅうに にん の おうさまの こども　たち が ありました。
昔々、　　　　　十二　　人　の 王様　　　の 子　　　供達 が ありました。
Mukashi mukashi、jûni　　nin　no ôsama　no　kodomo tachi ga　arimashita。

じゅういちにんの おとこ の きょうだいと あねの エリザです。
十一　　　　人　の 男　　の 兄弟　　　　と 姉　の エリザです。
Jûichi　　　　nin no otoko　no kyôdai　　　to ane　no　eriza　desu。

すばらしく うつくしい おしろに しあわせに くらしていました。
素晴らしく 美しい　　　お城 に 幸せ　　に 暮らしていました。
Subarashiku　utsukushii　　oshiro　ni shiawase　ni　kurashite imashita。

あるひ、おかあさまが なくなってしまいました。
ある日、お母様　　　が 亡くなってしまいました。
Aruhi、　okâsama　　ga nakunatte　shimaimashita。

しばらくすると、 おうさまは あたらしい おきさきを むかえました。
暫らく　すると、王様　　　は 新しい　　　お后　　　を 迎えました。
Shibaraku suruto、ôsama　　wa atarashii　　okisaki　o　mukaemashita。

ところが、そのおきさきは わるい まじょ でした。
所　　が、そのお后　　は 悪い　魔女　でした。
Tokoro ga、sono okisaki　wa warui　majo　deshita。

じゅういち にんの おうじ をまほうで はくちょうに かえて、
十一　　　人　の 王子　を 魔法　で 白鳥　　　に 変えて、
Jûichi　　　nin　no ôji　　o　mahô　de hakuchô　　ni kaete、

おおきな もりの　むこうの とおいくにへ おいはらって しまいました。
大きな 森の　向こうの 遠い 国 へ 追い払って しまいました。
ôkina　mori no　mukô no tôi　kuni e oiharatte　shimaimashita。

おきさきは むすめ に ぼろを きせ、みにくい ぬりぐすりを かおに すりこみました。
お后 は娘 にボロを着せ、醜い 塗り薬 を顔 に 擦り込みました。
Okisaki wa　musume ni boro o kise、minikui　nurigusuri o kao ni surikomimashita。

すると、じつの おとうさまで さえ むすめ がわからなく なっておしろ から
すると、実 のお父様で さえ娘 がわからなく なってお城 から
Suruto、jitsu no o tôsamade　sae musume ga wakaranaku natte　oshiro kara

おいだしてしまいました。
追い出してしまいました。
oidashite　shimaimashita。

エリザは くらい もりの なかへ かけこみました。
エリザは 暗い 森 の中 へ 駆け込みました。
Eriza wa　kurai　mori no naka e　kakekomimashita。

エリザは いま、ひとりぼっちに なって、
エリザは 今、 一人ぼっち になって、
Eriza　wa ima、hitoribocchi　ni natte、

いなくなった きょうだい たちを こころから こいし がりました。
居なくなった 兄弟 達 を 心から 恋し がりました。
inakunatta　kyôdai　tachi o　kokorokara koishi　garimashita。

ばんに なると、きの したに こけの ベッド を こしらえました 。
晩 になると、木の下 に 苔 のベッドをこしらえました。
Ban ni naruto、ki no shita ni koke no beddo o koshiraemashita。

つぎの あさ、エリザは ひっそりとした みずうみ に やってきました。
次 の朝、エリザはひっそりとした 湖 に 遣ってきました。
Tsugi no asa、eriza wa hissori　to shita mizuumi ni yatte　kimashita。

そしてすいめんに うつったかおを みて びっくりしました。
そして 水面 に 映った 顔 を見てびっくりしました。
Soshite suimen ni utsutta kao o mite bikkuri　shimashita。

けれども みず　　で あらうと、エリザより うつくしい おうさまの こども　は、
けれども 水　　　で 洗う　と、エリザより 美しい　　　王様　　　の 子供　　は、
Keredomo mizu　　de arau　to、eriza　yori utsukushii ôsama　　no kodomo wa、

このよに ふたりとは　ありませんでした。
この世に 二人　とは　ありませんでした。
konoyo ni futari　to wa arimasen　deshita。

いくにちも　いくにちも　かかって、エリザは おおきな うみに たどりつきました。
幾日　　も 幾日　　も 掛かって、エリザは 大きな　　海 に 辿り 着きました。
Ikunichi　mo ikunichi　mo kakatte、　eriza wa　ôkina　　umi ni tadori tsukimashita。

なみ に じゅういち まいの はくちょうの はねが ゆられて いました。
波　に 十一　　　枚 の 白鳥　　　の 羽　が 揺られて いました。
Nami ni jûichi　　mai no hakuchô　　no hane ga yurarete　imashita。

おひさまが しずむ　と、くうちゅう で ば さっばさっと おとがして、
お日様　が 沈む　　と、空中　　　　で ば さっばさっと 音　がして、
Ohisama ga　shizumu to、kûchû　　　de ba sabba　satto　　oto ga shite、

じゅういちわ の の の はくちょう が すいめん に まいおりました。
十一　　　羽 の 野 の 白鳥　　　　が 水面　　に 舞い降りました。
jûichi　　　wa no no no hakuchô　　ga suimen　　ni maiorimashita。

エリザは すぐに まほう を かけられた きょうだいたちだ と きづきました。
エリザは 直ぐに 魔法　を 掛けられた 兄弟　　　達だ　　と 気づきました。
Eriza　wa sugu ni mahô　o kakerareta kyôdai　　tachida to kizukimashita。

けれども、はくちょうの ことば が はなせなかったので、きょうだいたちの いうこと は
けれども、白鳥　　　の 言葉　が 話せなかった　　ので、兄弟　　　達 の 言う事　は
Keredomo、hakuchô　　no kotoba ga hanasenakatta　node、kyôdai　　tachi no iu　koto wa

わかりませんでした。
解りません　でした。
wakarimasen　deshita。

ひる の あいだ、はくちょうは どこか へ とんで いきました。
昼　の 間、　　　白鳥　　　は 何処か へ 飛んで 行きました。
Hiru no aida、　　hakuchô　　wa dokoka e tonde　ikimashita。

よる に なると エリザと きょうだいたちは、ほらあな の なか で みを
夜　　になると エリザと 兄弟　　　達 は、洞穴　　の 中　で 身を
Yoru ni naru to eriza to kyôdai tachi wa、horaana no naka de mi o

よせあって あたたまりました。
寄せ合って 暖まりました。
yoseatte atatamarimashita。

ある よ、エリザは ふしぎな ゆめ を みました。
ある 夜、エリザは 不思議な 夢　を 見ました。
Aru yo、eriza wa fushigina yume o mimashita。

おかあさまが きょうだいたち を すくう ほうほうを おしえて くれたのです。
お母様　　が 兄弟　　　達 を 救う 方法　　を 教えて くれたのです。
Okâsama ga kyôdai tachi o sukû hôhô o oshiete kureta nodesu。

「イラクサで いちわいちわ に シャツを あんで はくちょうに なげかけなさい。
「刺草　　で 一羽 一羽 に シャツを 編んで 白鳥　　に 投げ掛けなさい。
「Irakusa de ichiwa ichiwa ni shatsu o ande hakuchô ni nage kakenasai。

ただし、そのときまで は だれとも くち を きいては いけませんよ。
但し、　その 時 までは 誰 とも 口　を 利いては いけませんよ。
Tadashi、sono toki made wa dare tomo kuchi o kiite wa ikemasen yo。

さもないと、きょうだいたちは　しんでしまうでしょう。」
さもないと、兄弟　　　達 は　死んでしまうでしょう。」
Sa mo nai to、kyôdai tachi wa shinde shimaudeshô。」

エリザはすぐに しごと にとりかかりました。
エリザは 直ぐに 仕事　に 取り掛かりました。
Eriza wa suguni shigoto ni torikakarimashita。

てが イラクサの とてもちいさな トゲ から でる えきで やけつくように
手が 刺草　　のとても 小さな　棘 から 出る 液 で 焼け付く 様 に
Te ga irakusa no totemo chiisana toge kara deru eki de yaketsuku yô ni

いたみましたが、がまんして あみ　つづけました。
痛みました　が、我慢　して 編み　続けました。
Itamimashita ga、gaman shite ami tsuzukemashita。

あるひ とおくで、かりの つのぶえ が なりひびきました。
ある日 遠くで、 狩りの 角笛 が 鳴り響きました。
Aruhi tôkude、 kari no tsunobue ga narihibikimashita。

おうじが おとものけらいと、うま にのって ちかづいてきたかと おもうと、
王子 がお伴 の家来 と、馬 に乗って近づいて 来たかと思う と、
Ôji ga otomo no kerai to、uma ni notte chikazuite kita ka to omô to、

もうエリザの まえに たっていました。
もうエリザの 前 に立っていました。
mô eriza no mae ni tatte imashita。

ふたりは おたがいのめ が あった しゅんかん すきに なりました。
二人 は お互い の目 が 合った 瞬間 好きになりました。
Futari wa otagai no me ga atta shunkan suki ni narimashita。

おうじは エリザを じぶんの うまにのせて、おしろに つれて かえりました。
王子 はエリザを自分 の馬 に乗せて、お城 に連れて 帰りました。
Ôji wa eriza o jibun no uma ni nosete、oshiro ni tsurete kaerimashita。

いつも いばっている たからもの がかりは、くち の きけない うつくしい ひとが
何時も 威張っている 宝物 係 は、口 の 利けない美しい 人 が
Itsumo ibatte iru takaramono gakari wa、kuchi no kike nai utsukushii hito ga

おしろに ついたとき、まったく よろこびませんでした。
お城 に 着いた 時、全く 喜びません でした。
oshiro ni tsuita toki、mattaku yorokobimasen deshita。

じぶんの むすめ が おうじ のはなよめに なるべきだと おもっていたのです。
自分 の娘 が王子 の花嫁 に 為るべきだと 思って いたのです。
Jibun no musume ga ôji no hanayome ni narubekida to omotte ita nodesu。

エリザは きょうだいたち のことを わすれては いませんでした。
エリザは 兄弟 達 の事 を 忘れて は いませんでした。
Eriza wa kyôdai tachi no koto o wasurete wa imasen deshita。

まいばん シャツを あみ つづけたのです。
毎晩 シャツを 編み 続けた のです。
Maiban shatsu o ami tsuzuketa nodesu。

ある よ、しんせんな イラクサを とりに ぼち へ でかけていきました。
ある 夜、新鮮 な 刺草 を 採りに 墓地へ 出かけて 行きました。
Aru yo、shinsen na irakusa o tori ni bochi e dekakete ikimashita。

その とき、たからものがかりが こっそり エリザ を みて いました。
その 時、宝物 係が こっそり エリザ を 見て いました。
Sonotoki、takaramono gakari ga kossori eriza o mite imashita。

おうじ がかりに でかけると すぐ、たからもの がかりは エリザを ろうやに いれて
王子 が 狩りに 出かけると 直ぐ、宝物 係 はエリザを 牢屋 に 入れて
Ôji ga kari ni dekakeru to sugu、takaramono gakari wa eriza o rôya ni irete

しまいました。
しまいました。
shimaimashita。

エリザは まじょで、よるに ほか の まじょと あっている というのです。
エリザは 魔女 で、夜 に 他 の 魔女 と 会っている と 言うのです。
Eriza wa majo de、yoru ni hoka no majo to atte iru to iu nodesu。

よあけに みはりが エリザ を むかえに きました。
夜明けに 見張りが エリザ を 迎え に 来ました。
Yoake ni mihari ga eriza o mukae ni kimashita。

いち の たつ ひろばで ひあぶりに される こと に なっていました。
市 の 立つ 広場 で 火あぶりにされる 事 に なっていました。
Ichi no tatsu hiroba de hiaburi ni sareru koto ni natte imashita。

エリザが ひろばに つく やいなや、どこ からとも なく じゅういちわの まっしろな
エリザが 広場 に 着くや否や、何処からともなく 十一 羽の 真っ白な
Eriza ga hiroba ni tsuku ya inaya、doko kara tomo naku jûichi wa no masshirona

はくちょうが とんで きました。エリザは すばやく いちわいちわに
白鳥 が 飛んで 来ました。エリザは 素早く 一羽一羽 に
hakuchô ga tonde kimashita。Eriza wa subayaku ichiwa ichiwa ni

イラクサの シャツを なげかけました。やがて、きょうだいたちは
刺草の シャツを 投げ掛けました。やがて、兄弟 達 は
irakusa no shatsu o nagekakemashita。Yagate、kyôdai tachi wa

みんな にんげん の すがた に もどって、エリザの まえに たっていました。
みんな 人間　　の 姿　に 戻って、　エリザの 前 に 立っていました。
minna　ningen　　no sugata ni modotte、eriza　no mae ni tatte　imashita。

いちばん すえの きょうだいだけは シャツが できあがらなかったので、
一番　　末 の 兄弟　　　だけは シャツが 出来上がらなかったので、
Ichiban　sue no kyôdai　　dake wa shatsu ga dekiagaranakatta　　node、

かたほうの うで が まだ つばさ の まま でした。
片方　　の 腕 が まだ 翼　　の まま でした。
katahô　no ude ga mada tsubasa no mama deshita。

エリザたちが まだ、だきあったり キスしたりして よろこんでいたとき、おうじが
エリザ達　　が まだ、抱き合ったり キスしたりして 喜んで　　いた 時、王子　が
Eriza　tachi ga mada、dakiattari　　kisushitari shite yorokonde ita　toki、ôji　ga

もどってきました。エリザは やっと おうじに いままでの ことを
戻って　来ました。エリザは やっと 王子　に 今まで　の 事　を
modotte kimashita。　Eriza wa　yatto　ôji　　ni imamade no koto o

のこらず はなす ことが できました。
残らず　話す　ことが 出来ました。
nokorazu hanasu koto ga dekimashita。

おうじ は わるい たからもの がかりを ろうやに いれました。
王子　は 悪い　宝物　　　係　を 牢屋　に 入れました。
Ôji　　wa warui　takaramono gakari o rôya　ni iremashita。

それから、なのかかん、けっこんしき が とりおこなわれました。
それから、七日間、　結婚式　　　が 執り行わ　　れました。
Sorekara、　nanokakan、kekkonshiki ga toriokonawa　remashita。

めでたし めでたし。
愛でたし 愛でたし。
Medetashi medetashi。

ローマ字一覧表　ヘボン式
Rômaji Table (Hepburn System)

ひらがな　Hiragana

あ a	い i	う u	え e	お o			
か ka	き ki	く ku	け ke	こ ko	きゃ kya	きゅ kyu	きょ kyo
さ sa	し shi	す su	せ se	そ so	しゃ sha	しゅ shu	しょ sho
た ta	ち chi	つ tsu	て te	と to	ちゃ cha	ちゅ chu	ちょ cho
な na	に ni	ぬ nu	ね ne	の no	にゃ nya	にゅ nyu	にょ nyo
は ha	ひ hi	ふ fu	へ he	ほ ho	ひゃ hya	ひゅ hyu	ひょ hyo
ま ma	み mi	む mu	め me	も mo	みゃ mya	みゅ myu	みょ myo
や ya		ゆ yu		よ yo			
ら ra	り ri	る ru	れ re	ろ ro	りゃ rya	りゅ ryu	りょ ryo
わ wa				を o			
ん n							
が ga	ぎ gi	ぐ gu	げ ge	ご go	ぎゃ gya	ぎゅ gyu	ぎょ gyo
ざ za	じ ji	ず zu	ぜ ze	ぞ zo	じゃ ja	じゅ ju	じょ jo
だ da	ぢ ji	づ zu	で de	ど do			
ば ba	び bi	ぶ bu	べ be	ぼ bo	びゃ bya	びゅ byu	びょ byo
ぱ pa	ぴ pi	ぷ pu	ぺ pe	ぽ po	ぴゃ pya	ぴゅ pyu	ぴょ pyo

カタカナ Katakana

ア a	イ i	ウ u	エ e	オ o			
カ ka	キ ki	ク ku	ケ ke	コ ko	キャ kya	キュ kyu	キョ kyo
サ sa	シ shi	ス su	セ se	ソ so	シャ sha	シュ shu	ショ sho
タ ta	チ chi	ツ tsu	テ te	ト to	チャ cha	チュ chu	チョ cho
ナ na	ニ ni	ヌ nu	ネ ne	ノ no	ニャ nya	ニュ nyu	ニョ nyo
ハ ha	ヒ hi	フ fu	ヘ he	ホ ho	ヒャ hya	ヒュ hyu	ヒョ hyo
マ ma	ミ mi	ム mu	メ me	モ mo	ミャ mya	ミュ myu	ミョ myo
ヤ ya		ユ yu		ヨ yo			
ラ ra	リ ri	ル ru	レ re	ロ ro	リャ rya	リュ ryu	リョ ryo
ワ wa				ヲ o			
ン n							
ガ ga	ギ gi	グ gu	ゲ ge	ゴ go	ギャ gya	ギュ gyu	ギョ gyo
ザ za	ジ ji	ズ zu	ゼ ze	ゾ zo	ジャ ja	ジュ ju	ジョ jo
ダ da	ヂ ji	ヅ du	デ de	ド do			
バ ba	ビ bi	ブ bu	ベ be	ボ bo	ビャ bya	ビュ byu	ビョ byo
パ pa	ピ pi	プ pu	ペ pe	ポ po	ピャ pya	ピュ pyu	ピョ pyo

Barbara Brinkmann è nata a Monaco di Baviera (Germania) nel 1969. Ha studiato architettura a Monaco e attualmente lavora alla facoltà di architettura dell'Università Tecnica di Monaco. Lavora anche come grafica, illustratrice e autrice.

Cornelia Haas è nata nel 1972 vicino ad Augusta (Germania). Ha studiato design all'Università di Scienze Applicate di Münster e si è laureata in design. Dal 2001 illustra libri per bambini e ragazzi e dal 2013 insegna pittura acrilica e digitale all'Università di Scienze Applicate di Münster.

Marc Robitzky, nato nel 1973, ha studiato alla Scuola Tecnica d'Arte di Amburgo e all'Accademia di Arti Visive di Francoforte. Lavora come illustratore freelance e designer della comunicazione ad Aschaffenburg (Germania).

Ulrich Renz è nato a Stoccarda nel 1960. Dopo aver studiato letteratura francese a Parigi, ha completato gli studi di medicina a Lubecca e ha lavorato come direttore in una casa editrice scientifica. Oggi Renz è un autore indipendente e scrive libri per bambini e ragazzi oltre a libri di saggistica.

Ti piace disegnare?

Qui puoi trovare tutte le immagini della storia da colorare:

www.sefa-bilingual.com/coloring